# rymowanki dla dużych dzieci

# Wisława Szymborska
## rymowanki dla dużych dzieci

z wyklejankami Autorki

Wydawnictwo a5
Kraków 2003

# I

# LIMERYKI

Pytana, w jakich okolicznościach układam limeryki, odpowiadam zgodnie z prawdą, że najchętniej w podróży. Odpowiedź tę należy jednak uściślić. Bodźcem dla powstawania limeryków są mijane po drodze miejscowości – odpada więc żegluga dalekomorska, nocne pociągi ekspresowe, autostrady, no i przede wszystkim samoloty, bo z góry nic nie widać. Najkorzystniejsza dla twórczości limerycznej jest jazda samochodem po bocznych, wyboistych drogach, ewentualnie podróż jakąś poczciwą ciuchcią, która zatrzymuje się na każdej stacji. Od biedy można pisać limeryki w domu, mając pod ręką atlas. Z mieszkania, w którym nie ma atlasu, należy się natychmiast wyprowadzić.

Limeryk to niesforne ziółko z ogrodu literatury angielskiej. Jakoś dziwnie przyjęło się też w Polsce, grunt okazał się podatny. Wyhodowaliśmy nawet własnych mistrzów, z których możemy być dumni. Mistrzem limeryku sprośnego okazał się Maciej Słomczyński. Obecnie jego wysokiej pozycji zaczyna powolutku zagrażać prof. Leonard Neuger. Mistrzem limeryku finezyjnie i akrobatycznie rymowanego jest prof. Stanisław Barańczak. Jemu nikt nie zagraża, bo to niemożliwe.

Żeby nie było nudno, podzieliłam swoje limeryki na kilka grup terytorialnych. Jak każdy podział, i ten ma swoje mankamenty. Osobną grupę stanowią limeryki pisane na chwałę prof. Teresy Walas, osoby tego wymagającej.

## Z limeryków chińskich

**D**ygnitarze z dynastii Cin
byli słynni z okropnych min.
Gdy mijali źródło czy studnię,
wykrzywiali się bardzo paskudnie,
bo od wody woleli dżin.

**P**rominenci z dynastii Ming
nie wiedzieli, co to jest drink.
Gdy łupało ich w krzyżu,
żłopali bimber z ryżu
poklepując się i mówiąc „ping".

**P**ewien Chińczyk nieboszczyk w Kantonie
ukazywał się nocą żonie.
A że obok małżonki
spał tylko marynarz z dżonki,
noc mijała im w niedużym gronie.

**P**ewien działacz imieniem Mao
narozrabiał w Chinach niemao.
Dobrze o nim pisao
usłużne „Żenmin Żypao",
bo się bardzo tego Mao bao.

## Z limeryków chińsko-podhalańskich

Pewien juhas z Pęksowego Brzyzku
ujrzał przyszłość w proroczym błysku:
szumi piknie Dunajec,
a na mostku baca Kitajec
Jasinecka pierze po pysku.

## Z limeryków podhalańskich

Twierdzą mieszkańcy wioski Jurgów,
że się wywodzą od Habsburgów,
a ściślej mówiąc od Rudolfa,
który z ludnością grał tu w golfa.
Cóż to za żer dla dramaturgów!

Pewien baca w kurnej chacie
z owieczką żył w konkubinacie.
Ta beczy: „Ja to nawet lubię,
ale czy myśli pan o ślubie?
Bo jeśli nie, poskarżę tacie".

**Z**acny ksiądz ze Szczawy rodem,
smarowany przez wieś miodem,
niczego, aż do zmierzchu,
nie mógł nosić na wierzchu,
a w dodatku również pod spodem.

**J**ędruś, gospodarz z Limanowej
żywności nie uznawał zdrowej.
Na domiar złego nie był święty,
sypał do zupy detergenty
i niósł na stryszek do teściowej.

**Ż**ył raz gazda w mieście Sącz,
co z żętycy robił poncz.
Gdy gość tego nie chciał pić,
nieboraka kopał w rzyć
i doduszał obu-rącz.

## Z limeryków wyspiarskich

**Z**wyrodnialec jeden na Seszelach
bardzo lubił hulać na weselach.
Nie bacząc na pogróżki
przydeptywał w tańcu druhnom nóżki
w sobie tylko wiadomych celach.

**O**rnitolog pewien na Hawajach
na ptaszęcych wysiadywał jajach.
Ale troska zawzięta
o wylęgłe pisklęta
nie leżała już w jego zwyczajach.

**P**ewien rybak na Gwadelupie
utrzymywał, że to bardzo głupie
znać do wyspy tylko jeden rym
i w szalupie popisywać się nim
przy biskupie lub w grupie przy zupie.

**S**tary sklerotyk, rybak z Helu,
nagle zakochał się w Fidelu.
Do Kuby go pędziła chuć –
ale gdy tylko wsiadł na łódź,
zapomniał, w jakim płynie celu.

**P**an Fryderyk, kuracjusz z Majorki,
mimo westchnień współlokatorki
co innego miał wciąż do roboty
w poniedziałki, niedziele, soboty,
piątki, czwartki, środy i wtorki.

**N**apoleon, przed pobytem na Elbie,
wyznał pani Walewskiej przy melbie:
„Jesteś co prawda Polka,
i do twarzy ci parasolka,
ale już cię, Mańka, nie wielbię".

## Z limeryków kontynentalnych

**A**mbitnemu hodowcy w Łobzowie
rosła bujnie pietruszka na głowie.
Ekolodzy pospołu
zrywali ją do rosołu,
bo pietruszka to samo zdrowie.

**J**awnogrzesznica z wioski Kłaj
w swoim zawodzie była „naj".
Ale to zależało,
czy jej się chciało, czy nie chciało –
taki już miała obyczaj.

**J**est na sprzedaż miasto Słupca,
ale nie ma na nie kupca.
Przeto młodzież w karnawale
z żalu tam nie tańczy wcale,
a jak już, to bez hołubca.

**P**ewna siostra szpitalna w Jaworznie
na dyżurach prowadziła się zdrożnie.
By nie zgrzeszyć z tą sanitariuszką,
pacjenci kryli się pod łóżko –
chorzy lekko a nawet obłożnie.

**R**az Mozarta bawiącego w Pradze
obsypały z kominka sadze.
Fakt, że potem, w ciągu pół godziny,
wymorusał aż cztery hrabiny,
jakoś uszedł biografów uwadze.


**W**y, co macie zaszczyt mieszkać w Peszcie,
nigdy kota pod włos nie czeszcie!
Może brutalni ludzie
tak robią w pobliskiej Budzie,
ale wy? Zreflektujcież się wreszcie!


**L**ubieżnicy do Pyskowic
jeżdżą chętnie (bez połowic).
Tam co druga pyskowianka
robi striptiz od poranka.
Chcesz adresów? Kup skorowidz.


**T**utaj spoczywa Krzysztof Przywsza,
a tuż przy Przywszy żona bywsza.
Jak widać z porównania dat,
te zgony dzieli kilka lat –
nieboszczka była dłużej żywsza.

**S**łynny muezin w Samarkandzie
zakochał się w Klominek Wandzie.
Dla niej – łykając placek z dżemem –
poprzysiągł rozwieść się z haremem.
Sprawa już na wokandzie.


**C**hoć Balbus na pustyni Gobi
horyzont swą postacią zdobi,
„Eee – rzecze Uzbek do Tadżyka –
nic z tego dla nas nie wynika.
Niech sobie robi to w Nairobi".


**N**a przedmieściach żył Singapuru
pewien słynny z przemówień guru.
Lecz raz wyznał mi z płaczem:
„Mam kłopoty z wołaczem
i do szczura wciąż mówię: szczuru!"


**K**ról Popiel, tyran i niecnota,
bezsilnie się po wieży miota.
Osaczon przez zgłodniałe myszy,
srodze pogryzion charczy, dyszy:
„Kota! Królestwo dam za kota!"

## Z limeryków (przepraszam za określenie) lozańskich

Pewien młody wikary w Lozannie
lubił chodzić w rozpiętej sutannie.
Lecz na widok kardynała
gasła w nim fantazja cała
i zapinał się starannie.

## Z limeryków na chwałę Teresy Walas

Tereska Walas z miasta Kraków
postrachem była dla pismaków.
Gdy tylko w jej wpadali sidła,
zaraz im opadały skrzydła
i poły cerowanych fraków.

Pisząc limeryk o Teresie
pogrążysz się w głębokim stresie
i albo oszalejesz wkrótce,
albo powiesisz się w wygódce,
by duszą frunąć na Polesie.

**J**ęzykoznawcy z Włocławka
uwięzła w gardle przydawka
w chwili, gdy Teresa W.
nie odkłoniła się mu,
spojrzawszy nań jak szczypawka.


**P**ani Walas do Królewca
w towarzystwie jeździ szewca,
który już po jednej małej wódce
temat butów zarzuca, by wkrótce
błysnąć przed nią jako wieszcz i piewca.


**D**oktor Walas na Formozie
miała wykład o Spinozie,
w którym fakt, że mąż tak świetny
zmarł bezżenny i bezdzietny
przedstawiła w pełnej grozie.


**R**zekł lew do lwic: „Stop, drogie panie,
wstrzymajcie swoje polowanie.
Dziś mamy wtorek, a we wtorki
nigdy nie zjadam profesorki.
To przysmak na niedzielne danie".

16

# II

# MOSKALIKI

**W**zorem dla tej serii stała się zwrotka starej pieśni do słów Rajnolda Suchodolskiego:

> Kto powiedział, że Moskale
> Są to bracia dla Lechitów,
> Temu pierwszy w łeb wypalę
> Przed kościołem Karmelitów.

Nie pamiętam, kto z nas wymyślił pierwszy wariant, Adam Włodek, czy ja. Po chwili zaczęliśmy wspólnie je układać, bawiąc się przy tym nieźle. Działo się to bardzo, bardzo dawno temu, i niestety niczego już nie zachowałam w pamięci. Jedyny rękopis gdzieś mi zaginął. Pamiętam tylko, że liczył jakieś trzy, a może cztery kartki formatu A4, i że jeszcze istniał przed moją przedostatnią przeprowadzką. Nie tracę nadziei, że jeszcze się znajdzie. Na razie musiałam wszystko układać od nowa. Jednak myśl, że tamte, dawne wierszyki były lepsze, nawiedza mnie uporczywie.

Wdzięczny tytuł „moskaliki" nadany został późno. Zrodził się w drodze korespondencji między dr. Michałem Rusinkiem, moim Pierwszym Sekretarzem, a p. Joanną Szczęsną, redaktorką „Gazety Wyborczej". Tenże p. Michał wymyślił nazwę gatunkową „lepieje" – do cyklu gastronomicznego, oraz „odwódki" – do cyklu alkoholowego. Czasem mam wrażenie, że to dosyć zdolny człowiek.

## RYMOWANA ROZPRAWA O WYŻSZOŚCI SARMATÓW NAD INSZYMI NACJAMI TUDZIEŻ O SŁUSZNEJ KARZE NA ZATWARDZIAŁYCH, KTÓRZY TEGO POGLĄDU NIE PODZIELAJĄ

Kto powiedział, że Anglicy
uczęszczają do teatrów,
tego rąbnę po przyłbicy
pod kościołem Bonifratrów.

Kto powiedział, że Francuzi
piją kawę z filiżanek,
temu pierwszy dam po buzi
pod świątynią Felicjanek.

Kto powiedział, że Murzyni
korzystają czasem z wanny,
tego chromym się uczyni
pod katedrą Marii Panny.

Kto powiedział, że Łotysze
używają ludzkiej mowy,
z listy zdrowych go wypiszę
pod murami Częstochowy.

Kto powiedział, że Kazbecy
są mądrzejsi od baranów,
temu sam sflekuję plecy
pod klasztorem Salezjanów.

Kto powiedział, że Finowie
mają wujów i kuzynów,
krzyżem zdzielę go po głowie
w krypcie Ojców Kapucynów.

Kto powiedział, że Hiszpanie
noszą czasem jakieś buty,
uzębionym być przestanie
pod dzwonnicą świętej Ruty.

Kto powiedział, że Malgasze
jedzą z misek, nie z korytek,
temu pierwszy plunę w kaszę
w refektarzu Sióstr Wizytek.

Kto powiedział, że Bułgarzy
mają coś w rodzaju duszy,
temu przykrość się wydarzy
w studni Braci Templariuszy.

Kto powiedział, że Japońce
rozmawiają przy herbacie,
temu utnę wszystkie końce
w szczebrzeszyńskiej kolegiacie.

Kto powiedzieć śmiał, że Żydzi
mają krewną Miriam w raju,
temu życie tłum obrzydzi
pod figurą na rozstaju.

Kto powiedział, że Hindusi
cieszą się rodzimym ptactwem,
tego się do płaczu zmusi
u Trapistów, pod opactwem.

Kto powiedział, że Chińczyki
też są dziećmi ewolucji,
tego zniosą do kliniki
spod przybytku świętej Łucji.

Kto powiedział, że Huculi
mają pewien dryg do tańców,
w samej przegnam go koszuli
spod zakrystii Zmartwychwstańców.

Kto powiedział, że Jankesi
zwykli wstawać o poranku,
tego nawet cud nie wskrzesi
u Pijarów na krużganku.

Kto chce wmawiać nam, że Włosi
to narodek pracowity,
ten się sam o krwotok prosi
pod kaplicą świętej Zyty.

Kto zaś o Sarmatach twierdzi,
że z kimkolwiek im do pary,
niech się nad nim lud rozsierdzi
pod plebanią świętej Klary!

# III

## LEPIEJE

**W** *pewnej podmiejskiej gospodzie podano mi kartę, w której przy pozycji „flaki" ktoś dopisał drżącą ręką: „okropne". Pomyślałam, że na tym poprzestać nie wolno. Nawet w najlepszej restauracji zdarzy się czasem jakieś paskudztwo. Trzeba następnych gości jakoś przed nim ostrzec. Krótki wierszyk, łatwo wpadający w ucho, najlepiej się do tego nadaje.*

Lepiej złamać obie nogi,
niż miejscowe zjeść pierogi.

Lepiej mieć życiorys brzydki,
niż tutejsze jadać frytki.

Lepiej w głowę dostać drągiem,
niż się tutaj raczyć pstrągiem.

Lepiej mieć horyzont wąski,
niż zamawiać tu zakąski.

Lepszy na biegunie grób,
niż z bufetu zimny drób.

Lepiej nająć się na hycla,
niż napocząć tego sznycla.

Lepiej życia zwichnąć oś,
niż tu skonsumować coś.

Lepiej wynieść się z osiedla,
niż tu przełknąć choćby knedla.

Lepszy ku przepaści marsz,
Niż z tych naleśników farsz.

Lepszy jasyr, panie dzieju,
niż z gablotki śledź w oleju.

Lepsze dno w jeziorze Wdzydze,
niż spożyte tutaj rydze.

Lepszy piorun na Nosalu,
niż pulpety w tym lokalu.

Lepiej w porę pójść donikąd,
niż na bryzol tam, gdzie Bikont.

Lepszy głód w więziennym lochu,
niż firmowe purée z grochu.

Lepiej molestować dziatwę,
niż zjeść tutaj kuropatwę.

Lepsze wykluczenie z grupy,
niż ten krupnik, a w nim krupy.

Lepsze zębów wypadanie,
niż warzywne tutaj danie.

Lepiej wyjść niedojadając,
jeśli w jadłospisie zając.

# Lepieje z akcentem prorodzinnym

**L**epiej w domu zjeść konserwę,
niż mieć tutaj w życiu przerwę.

**L**epszy szwagier wolnomularz,
niż węgierski tutaj gulasz.

**L**epsza w domu świekra z zezem,
niż tu jajko z majonezem.

**L**epszy aferzysta teść,
niżbyś miał tu flaki jeść.

**L**epszy kuzyn z wodogłowiem,
niż tu móżdżek, że tak powiem.

**L**epsza ciotka striptizerka,
niż podane tu żeberka.

**L**epiej czuć do siostry chuć,
niż kotlety tutaj żuć.

Lepszy wuj recydywista,
niż z tej karty wódka czysta.

Lepiej nie być w żony guście,
niż jeść boczek w tej kapuście.

## Podsumowanie i wniosek

Lepszą będziesz mieć karnację,
gdy u siebie zjesz kolację.

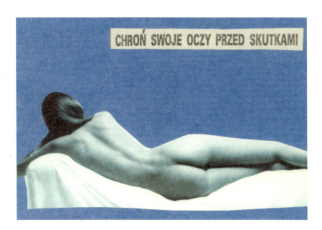

# IV

## ODWÓDKI

Skoro było o potrawach, powinno być też o alkoholach. Przysłowia polskie wypowiadają się na ten temat nader powściągliwie: „od wódki rozum krótki", „od piwa głowa się kiwa". Może by się jeszcze coś znalazło, ale w sumie jest tego niewiele. Gdyby wierzyć paremiologii polskiej wyszłoby na to, że ciecze wyskokowe mają bardzo skromny udział w naszym życiu prywatnym i publicznym. Postanowiłam ten pogląd naprostować, wprowadzając inne gatunki trunków i inne rodzaje nieszczęść związanych z ich nadużyciem. Muszę tu jednak z całym naciskiem podkreślić, że nie jestem nieprzyjaciółką alkoholu. W każdym wymienionym tu przypadku ostrzegam tylko przed jednym kieliszkiem za dużo. Moje totalne potępienie dotyczy wyłącznie płynu borygo i win domowej roboty.

Od wina wszędzie łysina.

Od samogonu utrata pionu.

Od whisky iloraz niski.

Od żytniówki dzieci półgłówki.

Od koniaku finał na haku.

Od likieru równyś zeru.

Od bourbona straszna śledziona.

Od martini potencja mini.

Od sznapsa wezmą cię za psa.

Od rumu pomruki tłumu.

Od drinka czarna godzinka.

Od cinzano konwulsje rano.

Od sherry nogi czterry.

Od brandy swędzenie wszędy.

Od palinki wstrętne uczynki.

Od calvadosu wartyś donosu.

Od maraskino spadaj rodzino.

Od pejsachówki pogrzeb bez mówki.

Od borygo uschniesz łodygo.

Od alaszu byt w rozgardiaszu.

Od siwuchy w brzuchu rozruchy.

Od węgrzyna dziwna uryna.

Od porto powrót z eskortą.

Od xeresu bieg do sedesu.

Od żywca wyje spożywca.

Od śliwowicy torsje w piwnicy.

Od absyntu zanik talyntu.

# V

# ALTRUITKI

**M**oże ktoś jeszcze pamięta zgrabny dwuwierszyk reklamowy:

> Oszczędzając pracę żony
> jedz gotowe makarony.

    *Reklama pochodziła z okresu późnego Bieruta albo wczesnego Gomułki, czyli z czasów, kiedy potencjalnym klientom nie zachwalano niczego, oprócz parowozów i środków odszczurzających. Oczarowało mnie to zgrabne hasło i postanowiłam stworzyć kilka jeszcze jego wariantów. Położyłam jednak nacisk nie tyle na sam obiekt reklamy, ile na jej altruistyczną (stąd „altruitki") perswazję: ulżyj komuś w czymś..., zrób coś za kogoś... I nagle doznałam olśnienia – przecież od takiej właśnie altruitki rozpoczęło się całe piśmiennictwo polskie: „Daj, ać ja pobruszę, a ty poczywaj". Moje altruitki nie są jednak aż tak poczciwe. Co robić. Czasem nawet same rymy ciągną autora ku przepaści.*

Oszczędzając trud kochanki
pij herbatę z brudnej szklanki.

Oszczędź znoju biednej matce
sam zrób sweter na odsiadce.

Mając wzgląd na czas poety
sam za niego pisz, niestety.

Oszczędzając wstydu damie
lepiej cicho siedź, ty chamie.

Miast okradać krowę z mleka
dój bliskiego ci człowieka.

Oszczędzając sił buldoga
sam za niego podnoś noga.
                    (*śląskie*)

Urlop naszym posłom daj.
Sam, gdzie możesz, gróź i plwaj.

Przedłuż szczurom żywot krótki,
powyjadaj z kątów trutki.

Odpoczynek daj królicy,
sam się rozmnóż w kamienicy.

Nie męcz aptek i lekarza,
sam znajdź drogę do cmentarza.

Ulżyj trawie w obowiązkach:
sam wybujaj na Powązkach.

# VI

## GALERIA PISARZY KRAKOWSKICH

**T**ytuł *mówi sam za siebie. Dodam tylko, że ta galeria powstała kilka lat temu. Obecnie trochę ją uzupełniłam, trochę poprawiłam. Po galerii oprowadza kustosz, człowiek niestety zblazowany i zgryźliwy. Nie miałabym też pewności, czy znający się dobrze na literaturze i sztukach pięknych. Ale skoro już go wymyśliłam – niech mówi.*

Oto portrecik pani Walas.
Wykonał sepleniący malas.

W tych skromnych ramach – Marta Wyka.
Picasso. Bo odmówił Styka.

Krzysztof Lisowski u Wierzynka.
Oczy przyciąga śledź i szynka.

Akt W. Twardzika – olej w ramach.
Komentuj, ale nie przy damach.

Tu Czesław Miłosz – chmurna twarz.
Klęknij i odmów „Ojcze nasz".

Tadeusz Nyczek – drugi Manggha.
Nie pytaj, czy ta sama ranggha.

Czałczyńska Basia – uśmiech błogi,
bo w Lubomierzu je pierogi.

Szymborska – gips. Łaskawy los
obtłukł ją trochę, zwłaszcza nos.

Tu Pilch z kieliszkiem pustym w ręce.
Malarz dał wyraz jego męce.

Wiesław Szymański – fragment fresku.
Nie podnoś tylnej nóżki piesku.

Krynicki. Żona. Książki. Koty.
Malarz miał dużo do roboty.

**L**ipska od tyłu. Jej część przednia
nie dojechała jeszcze z Wiednia.

**E**lektorowicz – całkiem gratis
wymuskał go miejscowy Matis.

**I**llg Jerzy z psami na spacerze.
Na szczęście nikną w tym plenerze.

**H**enryk Markiewicz, mistrz z Gołębiej.
Spójrz na tę górę ksiąg i zdębiej.

**J**oanna Olczak – druga Nike.
Luwr na wieść o tym wpadł w panikę.

**M**. Stala zaczytany w Nietzschem.
Można to śmiało nazwać kiczem.

**M**aj. Nieznanego twórcy sztych.
Kup, jeśli chcesz zagracić strych.

**J**ulian Kornhauser – postać w glinie.
Plastyk dał dyla po tym czynie.

**L**iryk Moczulski – niepodobny.
W dzisiejszej sztuce feler drobny.

**Z**echenterówna – alabaster.
Jęknąłby nawet Burt Lancaster.

**S**tanisław Balbus. Same kości.
Przystosowany do wieczności.

# VII

## MĘSKIE GOSPODARSTWO

*To jeden z wierszyków, jakie układałam co roku 16 września, w dzień imienin pewnego solenizanta. Inne pomijam, ten zamieszczam, ponieważ sprawa w nim poruszona dotyczy dość sporej liczby naszych ukochanych mężczyzn.*

Należy do tych mężczyzn, co wszystko chcą robić sami.
Trzeba go kochać łącznie z półkami i szufladami,
z tym, co na szafkach, w szafkach i co spod szafek wystaje.
Nie ma rzeczy, co nigdy na nic się nie przyda.
Świdry, młotki, obcęgi, dłutka, tygle i fiolki,
kłęby sznurków i sprężyn, i druty od parasolki,
powyciskane tubki, pozasychane kleje,
słoiki duże, małe, w których coś tam mętnieje,
asortyment kamyków, kowadełko, imadło,
budzik, a dookoła to, co z niego wypadło,
martwy żuk w mydelniczce, prócz tego ta pusta flaszka,
na której własnoręcznie wymalowana jest czaszka,
listwy krótkie i długie, wtyczki, uszczelki, klamry,
trzy piórka kurki wodnej znad jeziora Mamry,
kilka korków szampana uwięzłych w cemencie,
dwa szkiełka osmalone przy eksperymencie,

stos deszczułek i sztabek, kartoników i płytek,
z których był albo będzie przypuszczalny pożytek,
jakieś trzonki do czegoś, skrawki skór, strzępy koca,
mnogość kluczy i gwoździ, i bardzo chłopięca proca...
A gdyby – zapytałam – wyrzucić stąd to czy owo?
Mężczyzna, którego kocham, spojrzał na mnie surowo.

# VIII

## PODSŁUCHAŃCE

To co tu nastąpi, nie pasuje do informacji na okładce, bo nie są to rymowanki, i nie ja jestem autorką. „Podsłuchańce" – nazwa dopiero niedawno nadana – są zapiskami cudzych wypowiedzi, mimochodem podsłuchanych uwag i zwierzeń, nie zawsze przeznaczonych dla mojego ucha.

Jak wiadomo, osoby dobrze wychowane nie podsłuchują bliźnich, a już zwłaszcza nie robią z tego publicznego użytku. Skoro tak, to trzeba tu nareszcie brutalnie powiedzieć, że literatura pozostaje w bezustannym konflikcie z dobrym wychowaniem. Nie znam pisarzy, którzy by nie podsłuchiwali z zawodowej ciekawości. Jeśli nawet tacy są, to niekoniecznie ci najlepsi. Podobno Tołstoj włazi do szafy, żeby podsłuchiwać, o czym między sobą rozmawiają podrastające panienki. Nigdy nie wiadomo przecież co, i kiedy, i do czego się przyda...

Mamy w naszej literaturze pisarza, któremu bardzo często się przydawało. Można o nim powiedzieć, że ludzi nie tylko podsłuchiwał, ale ich nadsłuchiwał i dookoła obsłuchiwał, a potem zapamiętane teksty włączał do swojej poezji i prozy. Z efektem zawsze zaskakującym. To Miron Białoszewski oczywiście. Gdyby to było możliwe, udekorowałabym go Orderem Złotego Ucha z Podwiązką.

Moje „podsłuchańce" są nieco inne. Zapisywałam je bez żadnych literackich zamiarów, bez myśli o jakimkolwiek przyszłym utworze. Zamieszczam je tutaj, żeby się przekonać, czy potrafią żyć na własny rachunek. Może niektórym się to uda?

## Z balkonu na balkon

– Pani Buczykowa, pani Buczykowa!
– Co takiego, pani Głowacka?
– Temu rudemu gołębiowi niech pani ziarna nie sypie. On już nie jest z tą siwą, on już sobie znalazł inną.
– Oj, dobrze, dobrze, pani Głowacka. Będę przepędzała.

## W kolejce

– Kościół już się podobno zgodził, że małpa pochodzi od człowieka. Masz pan pojęcie?
– Ja tam nic nie wiem. Do zoo nie chodzę. Żona z wnukami chodzi.

## Z radia

– Zboczeńcy napadają tylko kobiety. No, chyba że któryś jest nienormalny.

## W sklepie meblowym

– Chyba przy tej półeczce zostanę. Tutaj będzie wazonik i różne tam takie, a tu jakieś dwie, trzy książki.
– A gdzie reszta?
– Jaka reszta?

### Na Plantach

– W naszej parafii też się pozmieniało. Mamy nowego księdza. Przedwczoraj na kazaniu mówił, że mamy przebaczać naszym wrogom. Słyszała pani kiedy coś podobnego?
– Może młody jeszcze. Coś mu się pokręciło.

### Z budki telefonicznej

– Władkowie? Byli, byli, a jakże. Nie dość, że ich zaprosiłam, to jeszcze przyszli.

### W autobusie

– Żona mi młodo umarła. Przed śmiercią obiecała, że będzie tam na mnie czekać. No dobrze, ale ja już stary dziad, łysy, połamany. Ja powiem: „Zosia, Zosia", a ona mnie wcale nie pozna. To jak to z nami będzie? Mam brać do trumny dowód osobisty?

### W windzie

– Bardzo bym prosił o jedną fotografię z dedykacją. Jeżeli to niemożliwe, to chociaż dwie.

### Na spacerze

– Lenina nie wszystko przeczytałem. Bo zresztą on też nie wszystko napisał.

## W pociągu

– Panie konduktorze, co się stało? Już ponad dwie godziny w tym polu stoimy. Gdzie my właściwie jesteśmy?
– Jak to gdzie? W wagonie.

## W poczekalni na lotnisku

– Najlepsze w tej Grecji było piwo. Te wszystkie Pitoklesy to nie dla mnie. A państwo już byli w Grecji? Nie? To nic państwo nie stracili.

## W kawiarni

– Zbyszek to nawet wygrał obraz, duży, taki raczej nowoczesny. Zaraz go u siebie powiesił. Ale ja patrzę – słuchaj, on chyba wisi do góry nogami. Tośmy go obrócili i tak już zostało. Ale czasem mi się zdaje, że on teraz wisi jeszcze bardziej do góry nogami.

## Na ławeczce

Na początku podobały mi się wszystkie kobiety: grube, chude, starsze, młodsze, blondynki, brunetki. Potem zacząłem trochę przebierać – raczej młodsze, raczej blondynki niż brunetki, a najlepiej szatynki, szczupłe, ale nie kościste. Jeszcze później zacząłem gustować w przyćmionych lampkach, cichej muzyce, cienkiej bieliźnie i dwóch kieliszkach dobrego wina na stoliku. Myślałem, że mi się smak coraz bardziej sublimuje, a to były początki impotencji…

## Na imieninach

– ... no więc biorę konewkę idę do kuchni a tam patrzę woda nie leci
no to ja do łazienki odkręcam kurek i co woda nie leci
no to ja do męża Stefan woda nie leci
a on mi na to że jak się golił to leciała
no to ja mówię ale teraz już nie leci rusz się to sam zobaczysz
ruszył się i zobaczył że woda nie leci
a byłaś u sąsiadów pytałaś może u nich leci
nie byłam nie zdążyłam to ty Stefan skocz i popytaj
poszedł czekam wraca i mówi że u nich też woda nie leci
więc mówię jak u nich nie leci to znaczy że nigdzie nie leci
i siadłam bo co miałam robić siedzę
aż tu słyszę z łazienki jakieś bulgotanie
biegnę i dzięki Bogu woda znowu leci
potem do zlewu w kuchni tam też woda leci
no to ja za konewkę i prędko podstawiam
i wreszcie mogłam podlać moje kwiatki kochane

44

\*

*I jeszcze jeden limeryk, tym razem napisany ze łzą w oku. Bo tak to już w życiu jest, że w pewnej chwili żarty muszą się skończyć, żeby zrobić miejsce bolesnej zadumie.*

**J**eden leśniczy w leśnej dziczy
(nazwisko, adres się nie liczy)
każdego roku (mniejsza z datą)
na trzeźwo (choć nie ręczę za to),
jak jeleń na polanie ryczy.

# ZACHĘTA

Po przeczytaniu tej książeczki Uważny Czytelnik z pewnością poczuje niedosyt. Trzyma w rękach dziełko niedokończone. Żadna seria pokazanych tu wierszyków nie jest kompletna. Ileż nacji i sytuacji brakuje w moskalikach, ilu potraw w lepiejach, ilu trunków w odwódkach... „Galeria pisarzy krakowskich" ma także bardzo bolesne luki. Co gorsze, rodzi się pytanie, dlaczego mają tu być tylko pisarze krakowscy. Cykl altruitek jest zaledwie rozpoczęty i trudno oprzeć się wrażeniu, że najlepsze do niego hasełka wcale jeszcze nie zostały wymyślone. A limeryki? Te kilkadziesiąt tutaj zamieszczonych to przecież tylko kropelka w rozszalałym oceanie możliwości.

Stąd pomysł, żeby na końcu książki znalazło się kilka niezadrukowanych kartek, przeznaczonych na twórczość Czytelnika. Będzie On mógł, bodaj w tych skromnych ramach, niektóre cykle uzupełnić i, co uważa za konieczne, dopisać. Zachęcam gorąco – przypominając jednocześnie, że warto trzymać się charakterystycznych dla każdego cyklu reguł. Wiadomo, że dobra zabawa bez ścisłych reguł obejść się nie może.

W taki oto sposób ten i ów egzemplarz ma szanse stać się po wielu, wielu latach miłą pamiątką rodzinną. A nawet czymś ponad to: świadectwem dawnych, niepojętych czasów, kiedy prapradziadkowie potrafili jeszcze własnoręcznie pisać i czynili to najchętniej w pokoju bez telewizora.

[Miejsce na Pani / Pana / Twoje rymowanki]

[Miejsce na Pani / Pana / Twoje rymowanki]

## Indeks osób
*(który każdej książce dodaje powagi)*

**B**albus Stanisław, krytyk literacki  13, 35
Barańczak Stanisław, pisarz i tłumacz  5
Białoszewski Miron, pisarz  39
Bierut Bolesław, strażnik reżimu  31
Bikont Piotr, muzyk i smakosz  23
Buczykowa, pani  40

**C**astro Ruz Fidel, rewolucjonista  9
Całczyńska Barbara, pisarka  34

**E**lektorowicz Leszek, pisarz  35

**F**ryderyk, zob. Kuracjusz z Majorki  10

**G**łowacka, pani  40
Gomułka Władysław, strażnik reżimu  31

**I**llg Jerzy, redaktor  35

**J**asieński Feliks, zob. Manggha  34

**K**lominek Wanda, społeczniczka  13
Kornhauser Julian, pisarz  35
Krynicki Ryszard, pisarz i wydawca  34
Kuracjusz z Majorki, pytanie za 50 zł, plus 2 bilety na koncert  10

**L**ancaster Burt, aktor  35
Lenin Władimir Iljicz, rewolucjonista  41
Lipska Ewa, pisarka  35
Lisowski Krzysztof, pisarz  34

**M**aj Bronisław, pisarz  35
Manggha, zob. Jasieński Feliks  34
Mao Tse-tung, właściwie Mao Zedong, rewolucjonista  6
Markiewicz Henryk, historyk literatury  35
Matis, właśc. Matisse Henri, malarz  35
Miłosz Czesław, pisarz  34
Moczulski Leszek Aleksander, pisarz  35
Mozart Wolfgang Amadeus, kompozytor  12
Mrożek Sławomir, nieobecny w tej książce, a szkoda

**N**apoleon Bonaparte, cesarz  10
Neuger Leonard, slawista  5
Nietzsche Friedrich, filozof  35
Nyczek Tadeusz, pisarz, były marszand  34

**O**lczak-Ronikier Joanna, pisarka  35

**P**icasso Pablo, malarz  34
Piesek, rasa obojętna  34
Pilch Jerzy, pisarz  34
Popiel, król  13
Przywsza Krzysztof, nazwisko dla niepoznaki leciutko zmienione  12

**R**udolf, arcyksiążę  7
Rusinek Michał, teoretyk literatury, chyba dosyć zdolny  17

**S**łomczyński Maciej, pisarz i tłumacz  5
Solenizant, pisarz i postać  37
Spinoza Baruch, filozof  15
Stala Marian, krytyk literacki  35
Styka Jan, malarz  34
Suchodolski Rajnold, pisarz  17
Szczęsna Joanna, dziennikarka  17
Szymański Wiesław Paweł, pisarz  34
Szymborska Wisława, pisarka, trudno  34

**T**ołstoj Lew Nikołajewicz, pisarz  *39*
Twardzik Wacław, językoznawca  *34*

**W**alas Teresa, krytyczka literacka  *5, 14-15, 34*
Walewska Maria, pani  *10*
Wierzynek Mikołaj, kupiec  *34*
Włodek Adam, pisarz  *17*
Współlokatorka, pytanie za 100 zł, plus skrzynka cygar i zestaw kosmety-
        ków dla brunetki  *10*
Wyka Marta, krytyczka literacka  *34*

**Z**echenter-Spławińska Elżbieta, pisarka  *35*

**Ż**ona, właściwie Krystyna Krynicka, wydawczyni, imieniny 13 marca  *34*

Uczyłam się słabo

## SPIS RZECZY

I LIMERYKI *5–15*
II MOSKALIKI *17–20*
III LEPIEJE *21–25*
IV ODWÓDKI *27–29*
V ALTRUITKI *31–32*
VI GALERIA PISARZY KRAKOWSKICH *33–35*
VII MĘSKIE GOSPODARSTWO *37–38*
VIII PODSŁUCHAŃCE *39–43*
*I jeszcze jeden limeryk... 45*
ZACHĘTA *47–49*

Indeks osób *50–52*

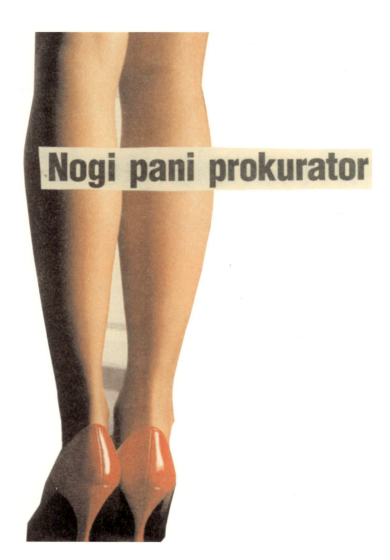

**Biblioteka Poetycka Wydawnictwa a5**
*pod redakcją Ryszarda Krynickiego*
Tom 43

Projekt okładki i stron tytułowych
**Wojciech Wołyński & Jahoo Gliński**

Wybór wyklejanek, opracowanie graficzne i typograficzne
**Frakcja R**

Wydanie pierwsze – maj 2003

ISBN 83-85568-59-X

Pierwszy Sekretarz i Składacz
**Michał Rusinek**

Łamanie i skanowanie
**Sławomir Onyszko**

**Rymowanki dla dużych dzieci**
są czwartą książką poetycką
Wisławy Szymborskiej w Wydawnictwie a5.
Wyklejanki pochodzą przeważnie ze zbiorów Autorki,
a także Anny i Stanisława Barańczaków,
Barbary, Natalii i Michała Rusinków
oraz Krystyny i Ryszarda Krynickich.
Złożono czcionką Garamond.
Wydrukowano i oprawiono
w Zakładzie Graficznym Colonel
w Krakowie.